30

MW01691883

Dedicado a:

Por:

Fecha:

CÓMO AYUNAR EFECTIVAMENTE

El ayuno y su fuerte impacto en el mundo espiritual

CÓMO AYUNAR EFECTIVAMENTE

Apóstol G. Maldonado

Nuestra Visión

Alimentar espiritualmente al pueblo de Dios por medio de enseñanzas, libros y prédicas; y expandir la palabra de Dios a todos los confines de la tierra.

"Yo te he llamado a traer mi poder sobrenatural a esta generación"

Cómo ayunar efectivamente

ISBN-10: 1-59272-303-9
ISBN-13: 978-1-59272-303-4

Edición junio 2008

Todos los derechos son reservados por el *Ministerio Internacional El Rey Jesús/Publicaciones.*

Esta publicación no puede ser reproducida ni alterada parcial o totalmente, ni archivada en un sistema electrónico, o transmitida bajo ninguna forma electrónica, mecánica, fotográfica, grabada o de alguna otra manera sin el permiso previo del autor por escrito.

Portada diseñada por:
ERJ Publicaciones

Publicado por:
ERJ Publicaciones
13651 SW 143 Ct., Suite 101, Miami, FL 33186
Tel: (305) 233-3325 - Fax: (305) 675-5770

Categoría:
Crecimiento espiritual

Impreso en EUA

Dedicatoria

Dedico este libro a mi Señor, quien siempre me da la sabiduría y la gracia para interpretar su palabra y equipar a su pueblo con las armas de su milicia.

Agradecimiento

Mi agradecimiento es para todo el equipo de ERJ Publicaciones, quienes son las manos que trabajan mis escritos para completar el proceso y llevarlos con la mejor calidad al pueblo. Su trabajo y dedicación son el fiel reflejo de su amor por la obra de Cristo y la excelencia que su padre espiritual les ha enseñado. ¡Gracias! ¡Los bendigo!

Índice

Introducción

Una de las funciones más importantes de un apóstol de Jesucristo es instruir al pueblo de Dios en los principios del Reino, para que aprenda a vivir según ellos y no según los del mundo. Este libro tiene el propósito de establecer el significado y los parámetros bíblicos para el ayuno efectivo.

Todos los creyentes saben que ayunar es importante, pero la mayoría no sabe para qué exactamente, cuándo hacerlo ni cómo hacerlo; ayunan como último recurso cuando están pasando por grandes crisis, o cuando alguien más los anima. Si bien, muchas veces, se aprende a ayunar por medio del ejemplo de otro que ya lo practica, el creyente debe llegar a un nivel de madurez espiritual en que sepa utilizar esta poderosa arma de manera inteligente y efectiva. Aunque en las situaciones de crisis es cuando más se debe ayunar, éste es un ejercicio que debe convertirse en un estilo de vida para el creyente, así como lo era para Jesús.

El ayuno tiene un impacto muy importante en el mundo espiritual, donde se ganan o se pierden las grandes batallas del cristiano. El ayuno abre los ojos y oídos espirituales de la persona y la hace más sensible a lo que está sucediendo en la esfera espiritual. Como el ayuno somete la carne y sus deseos primarios, la persona puede orar con mayor dedicación y dar lugar al Espíritu de Dios para que tome un papel más preponderante en la lucha. El ayuno nos acerca más a Dios y nos hace poderosos para desterrar de nuestro corazón el desánimo, el miedo, la indecisión y la duda, entre otros.

Todo cristiano debe aprender y ponerse diestro en el manejo de esta poderosa arma, para deshacer las obras del enemigo, y derrotar al espíritu de demora; para ganar las grandes batallas en el mundo espiritual y manifestar los milagros en el mundo natural.

¿QUÉ ES EL AYUNO?

A través de toda la Escritura, leemos que el pueblo de Dios ha buscado la presencia del Señor en ayuno y oración, tanto en el Antiguo Testamento como en el nuevo, incluyendo a Jesús y sus apóstoles. Pero, hoy en día, la Iglesia se ha vuelto pasiva con respecto al ayuno y la oración; por eso no vemos el poder de Dios manifestado en nuestras vidas. Él está despertando, una vez más, a su pueblo para ayunar; no de vez en cuando, sino como un estilo de vida.

“[12]Por eso pues, ahora, dice Jehová, convertíos a mí con todo vuestro corazón, con ayuno y lloro y lamento”. Joel 2.12

La palabra **convertíos** significa volver al punto de partida.

¿Qué es el ayuno?

El ayuno es la abstención voluntaria de alimentos, con el propósito de buscar la presencia de Dios y la comunión con Él.

¿Qué no es el ayuno?

El ayuno no es dejar de comer para perder peso; tampoco es dejar de comer para hacer nuestra propia voluntad ni para buscar satisfacer nuestros gustos; no es para ser vistos por los hombres, ni dejar de comer sin orar ni buscar a Dios.

"[3] ¿Por qué, dicen, ayunamos, y no hiciste caso; humillamos nuestras almas, y no te diste por entendido? He aquí que en el día de vuestro ayuno buscáis vuestro propio gusto, y oprimís a todos vuestros trabajadores". Isaías 58.3

¿Quiénes deben ayunar?

Toda la iglesia y las familias deben ayunar, pues no hay nadie que pueda vivir bien sin la guía de Dios en su espíritu.

"[15] Tocad trompeta en Sion, proclamad ayuno, convocad asamblea. [16] Reunid al pueblo, santificad la reunión, juntad a los ancianos, congregad a los niños y a los que maman, salga de su cámara el novio, y de su tálamo la novia. [17] Entre la entrada y el altar lloren los sacerdotes ministros de Jehová, y digan: Perdona, oh Jehová, a tu pueblo, y no entregues al oprobio tu heredad, para que las naciones se enseñoreen de ella. ¿Por qué han de decir entre los pueblos: Dónde está su Dios?". Joel 2.15-17

¿Cuáles son los diferentes tipos de ayuno que podemos practicar?

- ❖ **Ayuno parcial:** Este tipo de ayuno puede ser parcial en tiempo y/o comida. En otras palabras, se puede ayunar una comida al día, o también, comer las tres comidas, pero dejar de comer o sacrificar aquellas que más gustan; por ejemplo: dulces, carbohidratos y carnes, y comer todo lo demás. Este tipo de ayuno es como el que hizo Daniel.

- ❖ **Ayuno total:** Es la abstinencia completa de alimentos durante un lapso de tiempo determinado (superior a las veinticuatro horas). Éste, también, se puede hacer de dos formas: no comer ningún tipo de alimentos, pero consumiendo agua, o sin alimentos y sin líquidos. Pero este último no es muy recomendable hacerlo, porque el cuerpo humano está compuesto por un 80% de agua, y la abstinencia prolongada de la misma, puede generar una descompensación seria. Sólo es recomendable si el Espíritu Santo le guía a hacerlo.

¿Cuándo debemos ayunar?

- **Debemos ayunar en todo tiempo.** El ayuno debe ser un estilo de vida. Jesús usó la palabra "cuando", la cual da por sentado que debemos ayunar. Él no dice "si ayunan"...

  "16 Cuando ayunéis, no seáis austeros, como los hipócritas; porque ellos demudan sus rostros para mostrar a los hombres que ayunan; de cierto os digo que ya tienen su recompensa". Mateo 6.16

Hay gente que espera una guía de Dios, o sentir algo especial. Y sí, a veces, Él nos guía a hacerlo, pero nosotros, también, podemos tomar la iniciativa en cualquier momento. El ayuno debe ser un estilo de vida. En mi caso, ayuno de forma parcial y, a veces, total, dos días a la semana. Otras veces, ayuno por períodos de tres días, siete o veintiún días.

¿Qué se debe hacer y qué no se debe hacer a la hora de ayunar?

- No se debe ayunar con el propósito incorrecto.

  Los miembros de las sectas ayunan, con el fin de preparar sus cuerpos para que entre más fuerza en ellos.

"[4]He aquí que para contiendas y debates ayunáis y para herir con el puño inicuamente; no ayunéis como hoy, para que vuestra voz sea oída en lo alto". Isaías 58.4

- No se debe ayunar para ser visto por los hombres.

"[d6]Cuando ayunéis, no seáis austeros, como los hipócritas; porque ellos demudan sus rostros para mostrar a los hombres que ayunan; de cierto os digo que ya tienen su recompensa". Mateo 6.16

- Durante el tiempo de ayuno, se debe orar, estudiar la Escritura, meditar acerca de la propia vida y apartarse con el Señor a solas.
- Debemos partir el pan con el hambriento y ayudar al pobre.

"[6]¿No es más bien el ayuno que yo escogí, desatar las ligaduras de impiedad, soltar las cargas de opresión, y dejar ir libres a los quebrantados, y que rompáis todo yugo? [7]¿No es que partas tu pan con el hambriento, y a los pobres errantes albergues en casa; que cuando veas al desnudo, lo cubras, y no te escondas de tu hermano?". Isaías 58.6, 7

- Se debe remover todo obstáculo que impida esa búsqueda y ese tiempo con Dios. Por ejemplo: teléfono, invitaciones, vida social. Evite oír problemas que le distraigan de su objetivo.
- Es necesario preparar el cuerpo antes y después del ayuno. Es decir, cuando se acerque el tiempo del ayuno, lo mejor es comer menos.
- Después del ayuno, no se deben ingerir alimentos fuertes o que puedan caer pesados al estómago.

Lo recomendable es comenzar a comer de a poco, uvas, bananas y melón. Es decir, algo que el cuerpo pueda digerir fácilmente. Esto es necesario porque las enzimas del cuerpo no están listas para procesar alimento sólido.

❖ No es bueno detener el ayuno por los síntomas o dolores físicos que surgen.

Debido a la eliminación de toxinas y grasas acumuladas en el cuerpo, éste reacciona con dolores de cabeza, de huesos, manos, vómitos, mal aliento, mal humor, etcétera. Es decir, cuando se producen esos síntomas, es señal de que el cuerpo se está limpiando. Siendo así, no es aconsejable parar de ayunar. ¡Siga aunque sienta dolor! Pídale ayuda al Espíritu Santo. Los síntomas no durarán más de dos o tres días.

❖ No debemos tener miedo a morir por no comer.

Los científicos enseñan que el cuerpo humano promedio tiene suficientes reservas de energía para sobrevivir cuarenta días, sólo con agua. Además, hay personas obesas que podrían ayunar aun más tiempo, porque tienen muchas reservas. Por lo tanto, no se asuste ni tenga temor, y someta su cuerpo, presentándolo en sacrificio vivo a Dios.

¿Cómo someto mi cuerpo para ayunar y buscar a Dios? La única manera de lograr esto es tomando la decisión de hacerlo y presentando, en oración, su cuerpo en sacrificio vivo.

"[2]No os conforméis a este siglo, sino transformaos por medio de la renovación de vuestro entendimiento, para que

comprobéis cuál sea la buena voluntad de Dios, agradable y perfecta". Romanos 12.2

¿Qué es el cuerpo?

El cuerpo es la coraza o la habitación donde viven nuestro espíritu y nuestra carne (deseos humanos, pasiones, etcétera), y el alma es la morada del Espíritu Santo.

- ❖ El cuerpo siempre quiere seguir los deseos de la carne, el hombre viejo y las pasiones.
- ❖ El cuerpo no quiere ayunar, ya que él siempre quiere más comida, sexo, sueño, y se vuelve adicto a las pasiones; se envicia fácilmente con malos hábitos.

Presentar nuestro cuerpo como sacrificio vivo es rendirlo a Dios, consagrarlo y dedicarlo; no es meramente una doctrina religiosa (más ritos y costumbres), sino una demanda de la vida toda.

¿Qué hacemos si el cuerpo no quiere rendirse?

- ❖ Ejercer el poder de la voluntad, dominio propio, y someter la carne.
- ❖ La vida cristiana es una carrera de fe. Pero no es como una carrera de relevos, sino una de resistencia, en la cual se debe recorrer una larga distancia. Para poder terminar esta carrera, es necesario estar liviano.

"[d]*Por tanto, nosotros también, teniendo en derredor nuestro tan grande nube de testigos, despojémonos de todo peso y del pecado que nos asedia, y corramos con paciencia la carrera que tenemos por delante". Hebreos 12.1*

El peso que aquí se menciona puede ser, figurativamente, peso espiritual, pero también puede referirse al peso físico. Ninguno de los dos puede dañar nuestra carrera. No podemos dejar de cumplir nuestras responsabilidades con excelencia por tener mucho peso.

El apóstol Pablo aprendió a someter su cuerpo, a presentarlo en sacrificio vivo y agradable delante de Dios.

"[25]Todo aquel que lucha, de todo se abstiene; ellos, a la verdad, para recibir una corona corruptible, pero nosotros, una incorruptible. [26]Así que, yo de esta manera corro, no como a la ventura; de esta manera peleo, no como quien golpea el aire, [27]sino que golpeo mi cuerpo, y lo pongo en servidumbre, no sea que habiendo sido heraldo para otros, yo mismo venga a ser eliminado". 1 Corintios 9.25-27

La palabra golpear lleva la connotación de cuando se produce un moretón en la piel. El peso nos somete, porque detiene la unción, impide que ésta fluya libremente. Dios no puede acelerar la unción ni su propósito porque el sobrepeso lo detiene. Golpear nuestro cuerpo es someterlo al sacrificio de no comer demás o lo que daña su funcionamiento.

"[d]Así que, hermanos, os ruego por las misericordias de Dios, que presentéis vuestros cuerpos en sacrificio vivo, santo, agradable a Dios, que es vuestro culto racional".
Romanos 12.1

Pablo presenta su cuerpo en *"sacrificio vivo"*. Esta expresión significa ofrecer adoración con la mente, el corazón y el cuerpo, no sólo con la mente. Pues la adoración no es verdadera si no se ofrece en espíritu, alma y cuerpo, y para ello tenemos que presentar el cuerpo en sacrificio vivo.

"Es vuestro culto racional": otra traducción de este pasaje lee: *"es vuestro servicio razonable"*. O sea, que lo que Dios nos pide, es razonable; no es algo que no podamos cumplir. Dios está llamando a su pueblo a volver al punto de partida: ayunar y orar para buscar su rostro.

¡Tome una decisión hoy! Vuelva al punto de partida. Comience a ayunar y a orar, de manera que su mente y su corazón estén, cada vez, más cerca de Dios.

Repita las siguientes palabras:

- "A partir de hoy, yo decido ayunar por el motivo correcto: buscar el rostro de Dios."
- "Yo decido ayunar continuamente como estilo de vida."
- "Yo tomo la decisión de presentar mi cuerpo delante de Dios como sacrificio vivo, por medio del ayuno y la oración."
- "Le pido al Espíritu Santo que me dé la gracia y el favor para poder ayunar."

LOS BENEFICIOS Y LAS RECOMPENSAS DEL AYUNO

Aunque nuestra prioridad, cuando ayunamos, es buscar la presencia de Dios, en el proceso Él nos promete recompensas públicas. Pero además de las recompensas, existen beneficios físicos, emocionales y espirituales. Los siguientes son algunos de los que podemos mencionar. El cuerpo se limpia de las toxinas que dañan sus sistemas. La pérdida de peso, aunque no es la razón para ayunar, es una consecuencia positiva para muchas personas, porque el cuerpo se siente mejor y se recupera de muchos de los efectos nocivos de la obesidad.

"[4]...y tu Padre que ve en lo secreto te recompensará en público". Mateo 6.4

- Como resultado de la limpieza física, viene un cambio en nuestra actitud y en el área emocional.

- La carne se pone bajo sujeción y se puede vivir mejor en el espíritu. Las emociones se someten al espíritu y vivimos en mayor estabilidad.

¿Cuáles son los beneficios espirituales y recompensas que Dios promete cuando ayunamos?

1. El ayuno rompe el espíritu de demora.

> *"[1]En el año tercero de Ciro rey de Persia fue revelada palabra a Daniel, llamado Beltsasar; y la palabra era verdadera, y el conflicto grande; pero él comprendió la palabra, y tuvo inteligencia en la visión. [2]En aquellos días yo Daniel estuve afligido por espacio de tres*

semanas. [3]No comí manjar delicado, ni entró en mi boca carne ni vino, ni me ungí con ungüento, hasta que se cumplieron las tres semanas". Daniel 10.1-3

Daniel comenzó un ayuno parcial de veintiún días, porque tenía un gran conflicto que no podía resolver en sus propias fuerzas. Si usted tiene un gran conflicto, es tiempo de que aflija su alma y busque el rostro de Dios.

¿Cuál era el conflicto?

"[11]Todo Israel traspasó tu ley apartándose para no obedecer tu voz; por lo cual ha caído sobre nosotros la maldición y el juramento que está escrito en la ley de Moisés, siervo de Dios; porque contra él pecamos. [12]Y él ha cumplido la palabra que habló contra nosotros y contra nuestros jefes que nos gobernaron, trayendo sobre nosotros tan grande mal; pues nunca fue hecho debajo del cielo nada semejante a lo que se ha hecho contra Jerusalén". Daniel 9.11, 12

¿Quién era el príncipe de Persia?

Éste era el principado demoníaco que gobernaba los aires sobre esa región, el cual se dedicaba a demorar las respuestas de Dios a la oración de los hombres. Hoy en día, ese mismo espíritu está demorando muchas respuestas y bendiciones que Dios desea darnos. Yo le recomiendo que declare ayuno y oración, y haga guerra contra ese príncipe de Persia que demora la salvación de su familia, los negocios, el ministerio, etcétera.

"[13]Mas el príncipe del reino de Persia se me opuso durante veintiún días; pero he aquí Miguel, uno de los

principales príncipes, vino para ayudarme, y quedé allí con los reyes de Persia". Daniel 10.13

Nótese que el arcángel Miguel vino a ayudar a Daniel. Hoy, en el Nuevo Testamento, Dios nos ha dado armas, poder y autoridad, y el Espíritu Santo es nuestro guía y nuestro ayudador.

¿Cuál fue el resultado, la recompensa, del ayuno de Daniel?

Daniel obtuvo la victoria. El arcángel que venía en su ayuda pudo vencer y cruzar el obstáculo del príncipe de Persia gracias al ayuno de Daniel. Así pudo traer la bendición para contestar su oración. Cuando él se humilló y buscó el rostro de Dios, entonces todo se desató.

Ilustración: Si usted tiene alguna situación que está demorada, comience a declarar ayuno y oración, quizás sea un espíritu de demora que está deteniendo su respuesta.

2. **El ayuno remueve toda montaña que se levanta en el camino.**

¿Qué es una montaña?

La montaña es una figura que representa los obstáculos que encontramos en la vida y en el camino a nuestro destino en Cristo. A veces, son puestos por el enemigo y otras veces, son causados por nuestras malas decisiones. De una u otra manera, están deteniendo nuestro avance y debemos removerlas, derribarlas o sobrepasarlas. En la Biblia, siempre vemos que cuando alguien quiere hacer la voluntad de Dios o extender su reino, se levanta una montaña para impedirlo.

¿Cuál es el propósito de que se levante esa montaña?

- Detener el avance del Reino.
- Detener el avance de los hijos de Dios.

¿En contra de quién viene esa montaña?

La montaña viene en contra de aquellos individuos que han ganado una reputación en los Cielos.

“[17]Volvieron los setenta con gozo, diciendo: Señor, aun los demonios se nos sujetan en tu nombre. [18]Y les dijo: Yo veía a Satanás caer del cielo como un rayo. [19]He aquí os doy potestad de hollar serpientes y escorpiones, y sobre toda fuerza del enemigo, y nada os dañará. [20]Pero no os regocijéis de que los espíritus se os sujetan, sino regocijaos de que vuestros nombres están escritos en los cielos”. Lucas 10.17-20

La palabra del original griego, que se usa aquí para “nombre”, es la misma que se usa para “reputación”, y la connotación que tiene, es la de alguien que ha ganado cierta fama, es conocido, famoso, como un beisbolista o un golfista de la talla de *Tiger Woods* hoy.

Recuerde que estas montañas vienen en contra de, o para detener a aquellos que están extendiendo el Reino con milagros, sanidades, predicando el evangelio, a aquellos cuyos negocios son del Reino y todo lo que hacen es con el fin de extenderlo en la Tierra.

Jesús dice: "Si tú continúas echando fuera demonios, sanando a los enfermos, sigues predicando en tu Casa de Paz[1], sigues usando tu negocio para que el Reino avance, vas a desarrollar una reputación en los Cielos, y los demonios sabrán quién eres".

Jesús dice: "Estarás en la lista de los más buscados por las tropas del Infierno. El diablo no está buscando creyentes que tienen un club social en la iglesia, creyentes flojos que no echan fuera demonios ni sanan a los enfermos; él tiene en la lista, a aquellos que son una amenaza para su reino y sus planes.

¿Eres tú una amenaza para el reino de las Tinieblas? Tu negocio, ¿es para extender el Reino? Tu don, ¿lo estás usando para establecer el Reino?

Todo ministerio que extiende el reino de Dios por la fuerza tiene que pagar un precio.

Ilustración: ¿A quién perseguiría usted si fuera el enemigo? ¿A los que están quietos, metidos dentro de las cuatro paredes de su iglesia, o a aquellos que están activos en las calles, los hospitales, las escuelas, oficinas, etcétera, quitándole las almas y echando fuera a los demonios de las vidas de la gente?

"[15]Pero respondiendo el espíritu malo, dijo: A Jesús conozco, y sé quién es Pablo; pero vosotros, ¿quiénes sois?". Hechos 19.15

---

[1] Grupo de gente pequeño que se reúne en una casa, una vez por semana, para predicar la palabra de Dios, evangelizar el vecindario, orar por la gente y manifestar y establecer el reino de Dios.

Una vez que usted comienza a extender el reino de Dios por la fuerza y se convierte en una amenaza para el diablo, éste decide levantarse en contra de usted. Esto ocurre muy a menudo, en la iglesia, en las finanzas, en el hogar, en la salud. Se levanta una montaña y la persona no se sana, no se libera, la situación no mejora; esta montaña es la tipología de un principado parado al frente de usted, impidiendo que sus bendiciones lleguen.

¿Qué sucedió con los discípulos?

"[14]Cuando llegaron al gentío, vino a él un hombre que se arrodilló delante de él, diciendo: [15]Señor, ten misericordia de mi hijo, que es lunático, y padece muchísimo; porque muchas veces cae en el fuego, y muchas en el agua. [16]Y lo he traído a tus discípulos, pero no le han podido sanar". Mateo 17.14-16

Los discípulos pensaron que porque eran experimentados en sanar y liberar personas, ya estaban listos. Es decir, que ya no tenían que orar ni ayunar para que el poder de Dios se moviera a través de ellos. Pero, ahora, un principado mayor se levanta. No sólo era un demonio de epilepsia, sino una montaña para detener el avance del reino de Dios.

¿Le ha pasado a usted que todo iba bien hasta que hizo una promesa a Dios con dinero? Todo iba bien, usted estaba sanando los enfermos, liberando a los cautivos... pero, de repente, todo se detuvo. Esto es porque el enemigo ya lo identificó como peligroso y le asignó una montaña, un principado demoníaco para detenerlo. Todo ministerio, individuo, negocio, creyente, discípulo, hijo de Dios, que comienza a desarrollar cierta reputación en el espíritu, tendrá que enfrentarse con una montaña; ya sea el principado de la ciudad, de la región, de enfermedad, de miseria, etcétera.

Si un principado o montaña del enemigo se levanta para detenerlo y usted retrocede, ése es el final de su ministerio, negocio, salud, etcétera. Eso es lo que el diablo quiere.

“[17]Respondiendo Jesús, dijo: ¡Oh generación incrédula y perversa! ¿Hasta cuándo he de estar con vosotros? ¿Hasta cuándo os he de soportar? Traédmelo acá. [18]Y reprendió Jesús al demonio, el cual salió del muchacho, y éste quedó sano desde aquella hora. [19]Viniendo entonces los discípulos a Jesús, aparte, dijeron: ¿Por qué nosotros no pudimos echarlo fuera?”. Mateo 17.17-19

¿Cómo vencemos y removemos ese monte?

❖ Por medio de la fe

“[20]Jesús les dijo: Por vuestra poca fe; porque de cierto os digo, que si tuviereis fe como un grano de mostaza, diréis a este monte: Pásate de aquí allá, y se pasará; y nada os será imposible”. Mateo 17.20

❖ Con ayuno y oración

El ayuno combinado con la oración, rompe el poder de la montaña, la echa al mar, la derriba. La montaña es un género demoníaco más fuerte, es un principado que no puede ser derribado con una oración rápida. Hay ciertos géneros o tipos de demonios que no salen si no es con ayuno; por lo tanto, hay que declarar ayuno y oración, para remover esa montaña. Jesús pudo echarlo fuera de inmediato porque tenía la oración y el ayuno como un estilo de vida.

❖ Hablándole a la montaña

Comience ahora mismo a hablarle a esa montaña de pobreza, de escasez, de enfermedad, de contienda en el matrimonio, de depresión, de desánimo y ordénele que se mueva ahora mismo de su vida.

"[22]Respondiendo Jesús, les dijo: Tened fe en Dios. [23]Porque de cierto os digo que cualquiera que dijere a este monte: Quítate y échate en el mar, y no dudare en su corazón, sino creyere que será hecho lo que dice, lo que diga le será hecho". Marcos 11.22, 23

3. El ayuno rompe las ataduras demoníacas

"[6]¿No es más bien el ayuno que yo escogí, desatar las ligaduras de impiedad, soltar las cargas de opresión, y dejar ir libres a los quebrantados, y que rompáis todo yugo?". Isaías 58.6

Hay ciertas ataduras en el pueblo de Dios que solamente pueden ser rotas con ayuno: ataduras mentales, miedo, depresión, ataduras sexuales, ataduras de juegos de azar, ataduras a vicios, incredulidad, idolatría, etcétera.

4. El ayuno prepara el clima para que el Espíritu nos guíe y nos hable.

"[1]Había entonces en la iglesia que estaba en Antioquía, profetas y maestros: Bernabé, Simón el que se llamaba

Niger, Lucio de Cirene, Manaén el que se había criado junto con Herodes el tetrarca, y Saulo. [2]Ministrando éstos al Señor, y ayunando, dijo el Espíritu Santo: Apartadme a Bernabé y a Saulo para la obra a que los he llamado. [3]Entonces, habiendo ayunado y orado, les impusieron las manos y los despidieron". Hechos 13.1-3

- ❖ El ayuno nos hace más sensibles a la voz de Dios. Podemos oír con mayor claridad y certeza cuando Él nos habla.
- ❖ El ayuno prepara la atmósfera cuando necesitamos tomar decisiones tan importantes como, por ejemplo, ordenar y enviar hijos espirituales al ministerio.

Si usted necesita guía de Dios, dirección en una decisión difícil o importante, declare un tiempo de ayuno y oración.

5. El ayuno desata poder para vencer las tentaciones.

"[1]Entonces Jesús fue llevado por el Espíritu al desierto, para ser tentado por el diablo. [2]Y después de haber ayunado cuarenta días y cuarenta noches, tuvo hambre". Mateo 4.1, 2

Nosotros, muchas veces, pasamos por el desierto y somos tentados a actuar de forma independiente; somos tentados a desanimarnos; somos tentados en nuestra identidad como hijos; somos tentados a ser infieles, a abandonar el trabajo, la iglesia, la familia; somos tentados a pecar sexualmente. Si usted está pasando un desierto, ahora mismo, es tiempo de declarar ayuno y el Espíritu Santo le dará la fuerza para vencer la tentación.

6. El ayuno desata poder para cuando vamos a la guerra.

"[1]Pasadas estas cosas, aconteció que los hijos de Moab y de Amón, y con ellos otros de los amonitas, vinieron contra Josafat a la guerra. [2]Y acudieron algunos y dieron aviso a Josafat, diciendo: Contra ti viene una gran multitud del otro lado del mar, y de Siria; y he aquí están en Hazezon-tamar, que es En-gadi. [3]Entonces él tuvo temor; y Josafat humilló su rostro para consultar a Jehová, e hizo pregonar ayuno a todo Judá".
2 Crónicas 20.1-3

Hoy día, si estamos pasando por una guerra en el hogar o el negocio, si una gran multitud ha venido contra nosotros, no es tiempo de razonar la situación, es tiempo de declarar ayuno y oración.

Cuando nos humillamos y buscamos el rostro de Dios en ayuno y oración, entonces la guerra es de Él. Dios interviene personalmente.

"[15]...y dijo: Oíd, Judá todo, y vosotros moradores de Jerusalén, y tú, rey Josafat. Jehová os dice así: No temáis ni os amedrentéis delante de esta multitud tan grande, porque no es vuestra la guerra, sino de Dios".
2 Crónicas 20.15

¿Cuál fue el resultado del ayuno?

"[22]Y cuando comenzaron a entonar cantos de alabanza, Jehová puso contra los hijos de Amón, de Moab y del

monte de Seir, las emboscadas de ellos mismos que venían contra Judá, y se mataron los unos a los otros". 2 Crónicas 20.22

Si hay un área de su vida que el enemigo ha atacado, declare ayuno y permita que Dios pelee. ¡Háblele a la montaña para que se mueva de su camino! ¡Háblele al principado para que suelte sus bendiciones!

7. **El ayuno es importante para ordenar liderazgo en la iglesia.**

"[23]Y constituyeron ancianos en cada iglesia, y habiendo orado con ayunos, los encomendaron al Señor en quien habían creído". Hechos 14.23

¿Qué podemos concluir de los beneficios del ayuno? Cuando ayunamos con el motivo correcto, humillándonos en la presencia de Dios, Él nos recompensará en público, y esa recompensa será lo que le hayamos pedido en privado.

Cada vez que ayunamos, algo sucede en el mundo espiritual y es trasladado al mundo natural. El ayuno:

- Rompe el poder del espíritu de demora.
- Remueve toda montaña o principado que se levante en nuestro camino.
- Rompe las ataduras de maldad.
- Prepara la atmósfera para que el Espíritu Santo nos hable.

- Desata poder para vencer las tentaciones.
- Desata poder para prepararnos para la guerra.
- Desata impartición para ordenar liderazgo al ministerio.
- Desarrolla mayor sensibilidad a la voz de Dios.
- Provoca mayor sensibilidad a la necesidad del pueblo.
- Hace que los milagros y las sanidades ocurran en mayor cantidad e instantáneamente.
- Nos da mayor autoridad sobre los demonios.
- Ayuda a recibir un aumento en el nivel de revelación de la Palabra.

EL CORDÓN DE TRES DOBLECES Y LOS PASOS PARA AYUNAR

En el Nuevo Testamento, Jesús nos da la continuación del Sermón del Monte, la cual tiene que ver con tres cosas importantes en la vida de un creyente, en las que Jesús no nos da ninguna opción, sino que son una responsabilidad. Estas tres partes importantes son: la ofrenda, la oración y el ayuno. Éstos son los lazos que forman el cordón de tres dobleces que se menciona en Eclesiastés.

“[12]Y si alguno prevaleciere contra uno, dos le resistirán; y cordón de tres dobleces no se rompe pronto”. Eclesiastés 4.12

Jesús comienza a hablar de la ofrenda y, luego, sigue con la oración y el ayuno. Veámoslo en orden:

- La forma incorrecta de ofrendar.

  “[1]Guardaos de hacer vuestra justicia delante de los hombres, para ser vistos de ellos; de otra manera no tendréis recompensa de vuestro Padre que está en los cielos. [2]Cuando, pues, des limosna, no hagas tocar trompeta delante de ti, como hacen los hipócritas en las sinagogas y en las calles, para ser alabados por los hombres; de cierto os digo que ya tienen su recompensa”.
  Mateo 6.1, 2

  La palabra **hipócrita** se refiere a uno que esconde los verdaderos motivos por los cuales ora, ayuna y ofrenda. Aquí Jesús nos enseña la forma incorrecta de ayunar, orar y ofrendar; y también, la forma correcta de hacerlo.

- La forma correcta de ofrendar.

  "[3]Mas cuando tú des limosna, no sepa tu izquierda lo que hace tu derecha". Mateo 6.3

- La forma incorrecta de orar.

  "[5]Y cuando ores, no seas como los hipócritas; porque ellos aman el orar en pie en las sinagogas y en las esquinas de las calles, para ser vistos de los hombres; de cierto os digo que ya tienen su recompensa. [7]Y orando, no uséis vanas repeticiones, como los gentiles, que piensan que por su palabrería serán oídos". Mateo 6.5, 7

- La forma correcta de orar.

  "[6]Mas tú, cuando ores, entra en tu aposento, y cerrada la puerta, ora a tu Padre que está en secreto; y tu Padre que ve en lo secreto te recompensará en público". Mateo 6.6

- La forma incorrecta de ayunar.

  "[16]Cuando ayunéis, no seáis austeros, como los hipócritas; porque ellos demudan sus rostros para mostrar a los hombres que ayunan; de cierto os digo que ya tienen su recompensa". Mateo 6.16

- La forma correcta de ayunar.

  "[17]Pero tú, cuando ayunes, unge tu cabeza y lava tu rostro, [18]para no mostrar a los hombres que ayunas, sino a tu Padre que está en secreto; y tu Padre que ve en lo secreto te recompensará en público". Mateo 6.17, 18

Debemos tomar una decisión en base a la siguiente pregunta: ¿Queremos el aplauso y la recompensa de los hombres o los de Dios? Si siempre esperamos recompensa de los hombres, nos ofenderemos cada vez que no nos den lo que esperamos, pero si esperamos la de Dios, Él nos bendecirá y no seremos defraudados.

Tratemos de contestar ciertas preguntas para saber si nuestros motivos han sido puros delante de Dios.

- ¿Por qué he estado ofrendando, ayunando y orando?
- ¿Estoy buscando recompensa del pastor?
- ¿Quiero que mi nombre se mencione desde el púlpito?
- ¿Me molesta cuando no aprecian la cantidad de dinero que doy?

¿Cuál será la recompensa que Dios promete para aquellos que oran, ayunan y ofrendan?

❖ Tendrán tesoros en el cielo.

"[19]No os hagáis tesoros en la tierra, donde la polilla y el orín corrompen, y donde ladrones minan y hurtan; [20]sino haceos tesoros en el cielo, donde ni la polilla ni el orín corrompen, y donde ladrones no minan ni hurtan. [21]Porque donde esté vuestro tesoro, allí estará también vuestro corazón". Mateo 6.19-21

❖ Recibirán revelación de Dios y de su palabra.

"[22]La lámpara del cuerpo es el ojo; así que, si tu ojo es bueno, todo tu cuerpo estará lleno de luz; [23]pero si tu ojo es maligno, todo tu cuerpo estará en tinieblas. Así que, si

la luz que en ti hay es tinieblas, ¿cuántas no serán las mismas tinieblas?". Mateo 6.22, 23

- El cordón de tres dobleces trae fruto al ciento por uno.

"[8]Está un hombre solo y sin sucesor, que no tiene hijo ni hermano; pero nunca cesa de trabajar, ni sus ojos se sacian de sus riquezas, ni se pregunta: ¿Para quién trabajo yo, y defraudo mi alma del bien? También esto es vanidad, y duro trabajo. [9]Mejores son dos que uno; porque tienen mejor paga de su trabajo. [10]Porque si cayeren, el uno levantará a su compañero; pero ¡ay del solo! que cuando cayere, no habrá segundo que lo levante. [11]También si dos durmieren juntos, se calentarán mutuamente; mas ¿cómo se calentará uno solo? [12]Y si alguno prevaleciere contra uno, dos le resistirán; y cordón de tres dobleces no se rompe pronto". Eclesiastés 4.8-12

Muchos de nosotros nos hacemos la pregunta: ¿Por qué no se ha dado lo que estoy pidiendo? ¿Será que hay un cordón que está suelto? Revise si está cumpliendo con sus responsabilidades de diezmar, ofrendar, ayunar y orar. Cuando lo haga correctamente, destruirá todo poder del enemigo por el poder del cordón de tres dobleces.

¿Cuáles son los pasos para ayunar efectivamente?

- Prepare su cuerpo unos días antes, comiendo menos de lo normal.
- Presente su cuerpo en sacrificio vivo.
- Entre en oración y declare el ayuno en voz alta.
- Declare y escriba los propósitos por los cuales está ayunando.

- Déle gracias a Dios de antemano por la recompensa del ayuno.
- Trate de mantener una comunión, oración con el Espíritu Santo y pídale que le ayude.
- Aléjese de lugares donde pueda ver y oler comida, para no ser tentado a comer.
- Escoja qué tipo de ayuno va a hacer: parcial, total, un tiempo, medio día, todo el día, tres días, etcétera.
- Permanezca en comunión con Dios lo más posible. Lea la Palabra, adore al Señor, escuche enseñanzas de la Palabra, etcétera.
- Haga una declaración de que el ayuno será un estilo de vida para usted, y no de vez en cuando.

Bibliografía

Biblia Plenitud. Nashville, TN: Editorial Caribe, 1994. ISBN: 0-89922-279-X.

Expanded Edition the Amplified Bible. Zondervan Bible Publishers, 1987 – Lockman Foundation, USA. ISBN: 0-31095168-2

Real Academia Española, *Diccionario de la Lengua Española*, http://www.rae.es/.

Reina-Valera 1960, Copyright © 1960 Sociedades Bíblicas en América Latina; Copyright © renovado 1988, Sociedades Bíblicas Unidas.

Strong, James. LL.D, S.T.D. Nueva Concordancia Strong Exhaustiva. *Nashville, TN–Miami, FL: Editorial Caribe, Inc./División Thomas Nelson Publishers, 2002.* ISBN: 0-89922-382-6.

The Tormont Webster's Illustrated Encyclopedic Dictionary. ©1990 Tormont Publications.

Vine, W.E. *Vine: diccionario expositivo de palabras del antiguo testamento y del nuevo testamento exhaustivo.* Nashville, TN: Editorial Caribe, Inc./División de Thomas Nelson, Inc., 1999. ISBN: 0-89922-495-4.

Ward, Lock A. *Nuevo Diccionario de la Biblia*. Editorial Unilit: Miami, Florida, 1999. ISBN: 0-7899-0217-6

NUESTRA VISIÓN

ERJ Publicaciones

...expandiendo la palabra de Dios
a todos los confines de la tierra

LÍDERES QUE CONQUISTAN

Apóstol G. Maldonado

ISBN-10: 1-59272-022-6

ISBN-13: 978-1-59272-022-4

DESCUBRA SU PROPÓSITO Y SU LLAMADO EN DIOS

Apóstol G. Maldonado

ISBN-10: 1-59272-037-4

ISBN-13: 978-1-59272-037-8

EVANGELISMO SOBRENATURAL

Apóstol G. Maldonado

ISBN-10: 1-59272-013-7

ISBN-13: 978-1-59272-013-2

LA FAMILIA FELIZ

Apóstol G. Maldonado

ISBN-10: 1-59272-024-2

ISBN-13: 978-1-59272-024-8

ERJ Publicaciones

NUESTRA VISIÓN

...expandiendo la palabra de Dios
a todos los confines de la tierra

FUNDAMENTOS BÍBLICOS PARA EL NUEVO CREYENTE
Apóstol G. Maldonado
ISBN-10: 1-59272-005-6
ISBN-13: 978-1-59272-005-7

EL PERDÓN
Apóstol G. Maldonado
ISBN-10: 1-59272-033-1
ISBN-13: 978-1-59272-033-0

LA ORACIÓN
Apóstol G. Maldonado
ISBN-10: 1-59272-011-0
ISBN-13: 978-1-59272-011-8

LA GENERACIÓN DEL VINO NUEVO
Apóstol G. Maldonado
ISBN-10: 1-59272-016-1
ISBN-13: 978-1-59272-016-3

NUESTRA VISIÓN

ERJ Publicaciones

...expandiendo la palabra de Dios
a todos los confines de la tierra

SANIDAD INTERIOR
Y LIBERACIÓN
Apóstol G. Maldonado
ISBN-10: 1-59272-002-1
ISBN-13: 978-1-59272-002-6

CÓMO SER LIBRE
DE LA DEPRESIÓN
Apóstol G. Maldonado
ISBN-10: 1-59272-018-8
ISBN-13: 978-1-59272-018-7

LA MADUREZ ESPIRITUAL
Apóstol G. Maldonado
ISBN-10: 1-59272-012-9
ISBN-13: 978-1-59272-012-5

LA UNCIÓN SANTA
Apóstol G. Maldonado
ISBN-10: 1-59272-003-X
ISBN-13: 978-1-59272-003-3

NUESTRA VISIÓN

ERJ Publicaciones

...expandiendo la palabra de Dios
a todos los confines de la tierra

CÓMO OÍR LA VOZ DE DIOS
Apóstol G. Maldonado
ISBN-10: 1-59272-015-3
ISBN-13: 978-1-59272-015-6

LA DOCTRINA DE CRISTO
Apóstol G. Maldonado
ISBN-10: 1-59272-019-6
ISBN-13: 978-1-59272-019-4

LA TOALLA DEL SERVICIO
Apóstol G. Maldonado
ISBN-10: 1-59272-100-1
ISBN-13: 978-1-59272-100-9

CÓMO VOLVER AL PRIMER AMOR
Apóstol G. Maldonado
ISBN-10: 1-59272-121-4
ISBN-13: 978-1-59272-121-4

ERJ Publicaciones

NUESTRA VISIÓN

...expandiendo la palabra de Dios
a todos los confines de la tierra

EL PODER DE ATAR Y DESATAR
Guillermo y Ana Maldonado
ISBN-10: 1-59272-074-9
ISBN-13: 978-1-59272-074-3

EL CARÁCTER DE UN LÍDER
Apóstol G. Maldonado
ISBN-10: 1-59272-120-6
ISBN-13: 978-1-59272-120-7

LA INMORALIDAD SEXUAL
Apóstol G. Maldonado
ISBN-10: 1-59272-145-1
ISBN-13: 978-1-59272-145-0

LA LIBERACIÓN EL PAN DE LOS HIJOS
Apóstol G. Maldonado
ISBN-10: 1-59272-086-2
ISBN-13: 978-1-59272-086-6

NUESTRA VISIÓN

ERJ Publicaciones

...expandiendo la palabra de Dios
a todos los confines de la tierra

MANUAL DE ESTUDIO PARA GRUPOS FAMILIARES

Apóstol G. Maldonado

ISBN-10: 1-59272-148-6
ISBN-13: 978-1-59272-148-1

EL MINISTERIO DEL APÓSTOL

Apóstol G. Maldonado

ISBN-10: 1-59272-230-X
ISBN-13: 978-1-59272-230-3

MANUAL DE VIDA
PARA INTERCESORES

Pastora Ana Maldonado

ISBN-10: 1-59272-226-1
ISBN-13: 978-1-59272-226-6

DÉBORAS AL FRENTE DE LA BATALLA

Pastora Ana Maldonado

ISBN-10: 1-59272-248-2
ISBN-13: 978-1-59272-248-8

ERJ Publicaciones

NUESTRA VISIÓN

...expandiendo la palabra de Dios
a todos los confines de la tierra

DE LA ADORACIÓN A LA GUERRA

Pastora Ana Maldonado

ISBN-10: 1-59272-292-X
ISBN-13: 978-1-59272-292-1

DE LA ORACIÓN A LA GUERRA

Pastora Ana Maldonado

ISBN-10: 1-59272-137-0
ISBN-13: 978-1-59272-137-5

DE LA ADORACIÓN A LA GUERRA / LIBRO EN AUDIO

Pastora Ana Maldonado

ISBN-13: 7-92276-82811-1

NUESTRA VISIÓN

ERJ Publicaciones

...expandiendo la palabra de Dios a todos los confines de la tierra

EL FRUTO DEL ESPÍRITU

Apóstol G. Maldonado

ISBN-10: 1-59272-184-2

ISBN-13: 978-1-59272-184-9

¡NECESITO UN PADRE!

Apóstol G. Maldonado

ISBN-10: 1-59272-183-4

ISBN-13: 978-1-59272-183-3

EL REINO DE DIOS
Y SU JUSTICIA

Apóstol G. Maldonado

ISBN-10: 1-59272-274-1

ISBN-13: 978-1-59272-274-7

NUESTRA VISIÓN

ERJ Publicaciones

...expandiendo la palabra de Dios
a todos los confines de la tierra

¿Le gustaría enseñar de lo que ha aprendido?

¡Nuestros manuales de estudio están disponibles para usted!

Tenemos una extensa

variedad de temas

en CD, DVD y libros.

¡Llámenos!

Estamos listos para asistirle

en su compra y sugerirle lo mejor

de nuestro material

para su necesidad.

Visítenos en:

WWW.ELREYJESUS.ORG

TELÉFONO: (305) 233-3325